JN438348

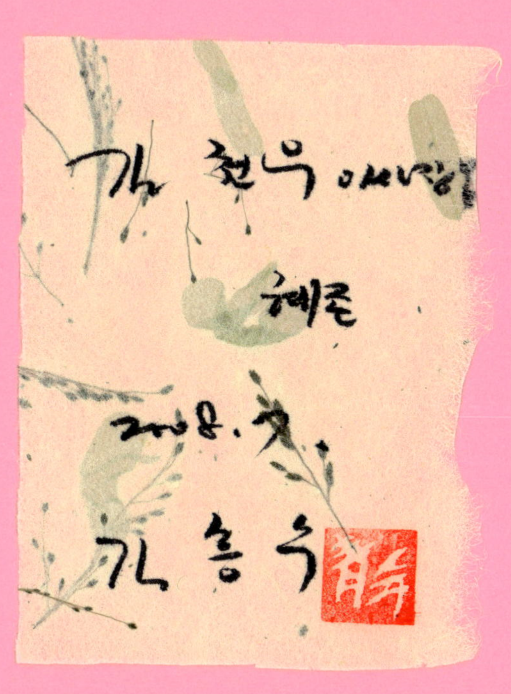
김 철우 선생님
혜존
2008. 7.
김 용수

사랑 엿듣기

김홍수 시집

사랑 엿듣기

사랑의 힘으로 산다는 것을
관심의 울타리 안에 산다는 것을
아내는 오늘도 작은 화분들을 돌보고 있다
창문을 열고 햇볕 가까이 그것들을 내어놓고
마음을 뿌리듯이 물을 주고 있다
그녀의 저런 관심과 사랑에 대답하듯
예쁜 꽃들을 피워 보이는 화분들
나는 신문을 뒤적거리며 있지만 사실은
아내와 작은 화초와의 대화
목숨 있는 것들의 사랑 얘기를 엿듣고 있다

도서출판 천우

自序

메마른 가지에서
꽃송이 하나 밀어 올리거나
좌절과 절망의 늪에서
인정의 꽃잎 따듯하게 피워 올리듯
아름다운 감동의 詩 한 편 꺼내 보일 수 있는
그날을 위하여 가슴속 푸른 꿈을 일깨워 봅니다.
첫 시집을 묶는다는 것이
이렇게 두렵고 부끄러울 수 없습니다.
첫사랑 앞에 선 소년처럼 설렙니다.

사랑하는 당신에게 이 시집을 바칩니다.

2008년 5월

김흥수

시는 영혼의 음악이다

김송배
(시인 · 한국문인협회 시분과회장 · 사) 세계문인협회 상임부이사장)

일찍이 프랑스 시인 볼테르는 시란 영혼의 음악이라고 했다. 그것도 보다 더욱 위대하고 다감한 영혼의 음악이라고 말한 것을 보면, 시는 아무래도 인간의 영혼과 교감할 수 있는 영성(靈性)이 필요한 것인가 보다.

여기 김홍수 시인의 첫 시집 『사랑 엿듣기』 상재를 진심으로 축하하면서 시와 영혼의 상관성을 떠올려 보는 것은 그가 지금까지 살아온 궤적(軌跡)을 통해서 적시한 다양한 목소리들이 어쩌면 인간의 존재 문제와 무관할 수 없다는 점에서 이는 성찰이나 인생관의 재정립을 탐색하는 경향을 간과(看過)할 수 없게 한다.

이러한 일련의 시적 발원이나 표현은 '사랑' 이라는 근원적인 인성 즉 인본주의에 그 시적 본령을 구축하고 거기에서 추출된 '사랑' 의 의미가 바로 영적인 교감을 배제할 수 없음을 이해하게 된다.

현대시의 위의(威儀)나 시 정신의 문제는 어제 오늘

거론된 것은 아니지만, 우리 시가 지향해야 할 정신의 중심축은 언제나 '사랑'이라는 대명제에 대한 해법을 찾는 것이다. 이것이 우리 인간 혹은 현실과 어떻게 조화를 이루느냐가 시인들이 바로 영혼의 음악을 창출하는 혜안(慧眼)이다.

김흥수 시인은 그동안 쌓아두었던 생애의 체험을 통한 자신만의 가치관을 창조하고 있다. 여기에는 인식과 성찰이라는 단계를 거친다. 물론 정신적, 언어적 여과(濾過)가 필요했으리라. 그가 지켜본 현실적 고뇌도 수반한다. 이러한 갈등 요인들은 시인의 창조력에 의해서 형상화하는 미적 감각과 함께 기쁨도 만끽(滿喫)할 수 있을 것이다.

또한 그는 충주 지역에서 어려움을 극복하고 만년에 『문학세계』를 통해 등단의 절차를 밟은 지혜로움도 동시에 누림으로써 그가 탐색하고 시도하는 그의 노래가 영혼과 교감할 수 있게 되고 우리 시 애호가들의 심금을 울려주게 될 것이다.

김흥수 시인에게 다시 한번 축하의 박수를 보내면서 더욱 좋은 시로써 우리 시단의 주역이 되어줄 것을 기대한다.

1부

잠자는 술을 깨우며

2부

간이역

3부

사랑 엿듣기

4부

하느님의 기별

1부

잠자는 술을 깨우며

시(詩)

아 아.
그.
영혼의 기쁨

폐교의 봄 1

아무도 없는 교정에
노오란 개나리들이
수업 시작을 알리는 종소리처럼
빠르게 빠르게 피어나고 있다
코흘리개 조무래기들의 웃음이
와르르 몰려나오고 있다
연초록 잔디밭 위에 돋아난
잡풀 꽃송이 몇 개를 봄바람이 저 혼자서
살근살근 건드려 보고 있다

이름을 모르겠는 멧새 한 마리가
무어라고 쫑알쫑알
닫힌 창문을 향해 지껄여대고
이 봄에 새로 입학한 지각생
메꽃 덩굴손이 쭈뼛쭈뼛
교실 문을 두드리고 있다

학교를 졸업한 아이들은 지금쯤
어떤 세상의 운동장을 달려가고 있을까?
발자국만 남겨놓고 가버린 아이들의 뜀박질을
봄 하늘이 환하게 내려다보고 있다

다 늙은 소년 혼자서
닫힌 교문 앞에 서성거리고 있다
예쁜 여선생님의 호루라기처럼
금방이라도 학교 종이 울리면
와르르 쏟아질 햇살 같은 아이들이
교정 가득히 몰려올 것 같은 이른 봄날
머리가 히끗히끗한 아이 하나가
그 꿈같은 아이들의 미래를 엿듣고 있다

폐교의 봄 2

폐교에 전학을 온 바람이
문짝을 흔들고
꼬깃꼬깃 구겨진 햇살이 굴러다닌다.
잔디밭에 줄지어 핀 모범생 꽃들
가방에 무거운 향기를 바람에 말린다.

빛바랜 계단은 말을 잊은 지 오래
복도를 달리는 고양이 떼의 고성방가
조무래기들이 빼곡히 뛰어다니는 잡담을
이따금 불어오는 실바람이 잠재운다.

구름의 교사들은 햇살 같은 아이들에게
지금쯤 무엇을 가르칠까
종이 울리기가 무섭게 잔디밭 햇살 사이로
내달리는 아이들 웃음소리
고개를 틀고 엿듣던 새들이 놀란다.

운동장 수돗가에서 웃자란 진달래 개나리들이
저마다 싱싱한 잡담을 나누고 있고
햇살이 하품하는 연초록 언덕에는
민들레 메꽃들이 입가에 연신 싱글벙글이다.

오늘은 밤늦도록 보충수업 있는 날
새로 입학한 다람쥐 멧새들이
달빛에게서
별빛을 받아 적는다.

봄의 발자국

— 입학식에서

뭔가 성큼성큼 다가오는
발자국이 있는 것 같은데
도대체 소리는 들리지 않는다.

버들가지 실눈 틔우며
들녘에 아지랑이 꿈을 피우고
겨우내 남루한 입성은 벗어버리고
상큼한 날개 달아 희망을 낚으려는 듯

싱그러운 시간을
앞에 두고 마냥 설레기만 하는
햇병아리들처럼
봄 햇살 아래 모여들고 있다.

배움에 허기진 이들
추운 들녘에서 얼지 않고
이제 한데 모여
꿈을 피우는데

오늘은 신입생 오리엔테이션
성큼 커다란 봄의 발자국
소리 없이 들려오는
향기로운 새로운 시간들.

봄바람

먼 데서 온 기별은 언제나
내 가슴을 설레게 한다.
긴 겨울 폭설 한파 같은 세상 속에서
살아 있었느냐고, 살아 있었느냐고,

내 마음 자락을 흔드는 사람아
그 바람 같은 전언에 비로소 나는 눈을 뜨고
빈 들의 초록 바람처럼
드디어 살고 싶어진다. 살고 싶어진다.

먼 그리움으로부터 오는 기별은
언제나 나를 설레게 해
아무래도 살아 사는 세상에선
"사랑한다." 는 말이 가장 아름답다고
저렇게 웃으며 말하는 봄꽃들처럼

아아, 바람아
나는 드디어 무슨 대답이라도 하듯
일어서고 싶다.
일어서고 싶다.

시냇물 가에서

봄빛 내리는
개울물 가에는

은빛 물안개가
영롱한 꽃밭이다

산골짝 깊은 겨울 산
가슴을 씻어 내리고

버들강아지 숲을
종알대며 내달리고 있다.

가쁜 숨 고르듯이
조약돌 품어 안고
나직히
나직히

흥얼대며
누굴 만나러
가기에
저리도 서둘러
돌아치는가

잠자는 술을 깨우며

세상을 흔들어 보고 싶은 장난기로
소주병을 거꾸로 들고
밑바닥을 힘껏 내려친다.

병 속에 잠들어 있던 소주가
한순간 깨어난다.
'퍽' 하는 축포와 함께
환희하는 흰 포말들의 소용돌이
저 일어서는 젊은 끼, 끼, 끼.

진실로 달콤한 내일을 위하여
진달래! 진달래!
거푸거푸 건배의 손을 들어 올리면
주저앉아 있던 우리의 꿈과
주저앉아 있던 나이도 일어선다.

맑은 잔이 돌아갈수록
가슴은 오히려 붉게 물들고
더 좋아지는 세상,
마침내 지구의 어느 한켠이 흔들린다.
우리가 아름답게 흔들린다.

오월의 향기

집 근처 교정에는 작은 숲이 있다
무슨 잔병처럼 버리지 못하는
그리움과 동행하며 찾아가는 숲 속

제각기 팔 벌리고 서서 부르는
아카시 갈참나무 소나무들이
저마다 푸른 바람을 풀어놓는다.

오월의 향기 내뿜는 나뭇잎들의
아침 이슬 머금은 볼에
비벼대는 햇살이 눈부시다

물 오른 나뭇가지 사이를 가볍게 나르며
높은음자리 음표처럼 경쾌하게 노니는
참새들의 아침 노래마다
옥구슬 같은 기쁜 예감이 떨어지고
나는 이 오월의 향기에 취해서
온몸에 풀물이 든 채 서성인다.

테니스 공

펑!
가볍고 즐거운 탄성으로
캔에서 튀어나오는 너
금시 깨어난 노란 병아리 두 마리

갓난아이처럼
때 묻지 않은 젊음이
넘치듯 눈부시다.
젊은 여인 피부처럼 보드랍다.

너와 더불어 힘껏 뛰어오르다 보면
너를 코트에서 만나는 시간들이
축복으로 다가온다.

너와 하나 되는 순간
나도 너처럼 튀어 오르고
젊음이 넘치듯 출렁인다.

맑고 푸른 하늘 아래
늘 너와 더불어
놀고 지고 젊어지고
젊어지고 놀고 지고.

어느 무덤

일향산* 산마루
양지바른 곳에 다 허물어진
조그만 묵묘 하나

허물어져 알아주는 이 없지만
해와 달이 늘 따듯하게 지켜주고
산새들 푸드득 푸드득 상수리 떡갈나무
숲 속에서 무어라고 놀아대며
한밤중에는 여러 짐승들도 찾아주겠구나

나무들은 세월을 먹은 만큼
허허로이 등을 굽히고 살아
묵묵했던 것들만
이따금 메마른 솔방울처럼
툭 떨어져 내려 네 곁에 머무는구나

* 일향산 : 충주시 종민동에 있는 산 이름

손

나뭇잎들이
햇살의 속마음을
만지고 있다.
빛의 따듯한 물을
만지고 있다.

그동안 삶이란 것을
저 나뭇잎들이
말해주고 있다.

초가을 햇살 아래서
이 느즈막한 나이에
아름다운 세월을
만져보고 있다.

산을 오르며

비탈진 산길
오르노라면
돌 뿌리 흙 뿌리
꿈틀거리고
이름 모를 들풀들
벙글벙글 피어오른다.

풀벌레들은
짝하여 놀아나고
단물 흐르는 대지에
온갖 나무들
굶주린 듯 저마다
빨아대기 바쁘다.

산을 오르는 선남선녀
비지땀 흘리면서
저마다 즐거운 듯
이름 모를 산새들과
무어라고 노래하는 듯
흥얼거리며 오른다.

사람아
우리 서로 자연과
더불어 하나 되고
자연을 노래하다 보면
가난한 마음도
아름답게 흐르리라

너를 찾아서

너는 언제부턴가 내 밖에 있다
함께 사는 부부도 사실은
따로따로 태어나고
따로따로 죽어야 하는 것처럼
내 속에 내재해 있는 줄 알았는데

꽤 괜찮던 기억력아
너는 언제부터인가 내 밖에 있기로 했느냐
기억력
너 너무 멀리 떠나 있어서
이제는 돌아오는 길도 잃어버렸단 말이냐

방송대 학기말 시험을 치르려고
며칠 밤을 새우며 씨름을 하였건만
너의 무단가출 때문에
엉망이 되어 버린 오늘
나는 낮은 시험 점수보다 더 엉망인
너와 나의 까마득한 거리를 안타까워했다.

가을 산을 오르며

가을 단풍이 남하하고 있다.
울긋불긋 물든 마음의 오색 물결이
머 언 먼 세월의 저쪽으로부터
오늘의 내 발밑에까지 밀려오고
나는 호젓이
아름답게 물들어 있는 생각들을 밟는다.

그리운 내 고향 뒷산에도 이처럼
나무들 곱게 물들겠다.
아름드리 당산나무며 갈참나무
거기 함께 뛰어놀던 아이들
지금은 어느 가을 산 칡넝쿨처럼 어울려
천천히 물들어 가고 있을까.

온갖 단풍이 물들며 남하하는
가을 산을 오르며 나는
지나간 모든 일들과
지나간 모든 얼굴들에게
하나하나 예쁜 색깔을 입혀본다.
저 혼자 넉넉히 물드는
야트막한 가을 산 하나가 되어본다.

매미

신록의 나무들이
철철 넘치도록 그 생기를 흔들어대는
초여름 숲 속에서 매미가 운다.

생명을 가진 온갖 것들에게
무슨 예언이라도 하듯이 목에 힘을 주고
매암매암 울어 쌓는 매미들

숲에 들어서면 귀가 따갑다
두 팔을 휘젓는 나무며 풀
저들의 힘 있는 웅변과
끝내 울음마저 노래로 바꾸는 매미들

울음이 얼마나 아름다운 건지
노래가 얼마나 향기로운 영혼의 향기인지
아무것도 모르는 인간들만
그저 땀 뻘뻘 흘리며 지나간다.

나무의 일생 1

나무는
그 선 자리에 뿌리내린다.

나무는
그 선 자리에서 팔을 뻗는다.

나무는
그 선 자리에서 세월을 산다.

나무는
그 선 자리에서

안으로 안으로만 나이테를 키우고
오직 하늘을 향해 있다.

하늘 높은 줄 모르는
인간들만 천방지축

제 나이테
어디 두를지 알지 못한다.

나무의 일생 2

나무는
젊고 무덥던 날
하늘을 향해 신록의 분수가 되어
짙은 향기를 뿜으며 자연을 노래한다.

이윽고
푸르고 무성하던
신록은 반짝이는 여울을
지으며 지하로 흐르고

그리고는 깊은 겨울 숲 속에서
세월을 먹고는
낮잠을 자고 있었을까

드디어 봄비가 애기의
눈가를 간지르니 살포시 웃는다.

봄바람이 흔들어대니
터지도록 웃는다.

이제는 푸르고 무성하던
여름 수풀에서

온몸으로 춤추며 노래하며
신록의 분수가 된다.

그리고는
가슴에 세월을 새긴다.

해바라기

나는 자꾸만 발돋움한다.
나는 자꾸만 힐끔거린다.

세월의 담 너머로 멀리 떠나가버린
아직도 안 잊히는 그 사람을 생각한다.

담 너머 저쪽 끝에는 여전히
소년들의 방학이 있고
한여름 뙤약볕에 까맣게
그을린 예쁜 소녀가 있고
풍성한 결실을 예감하듯 가을 느낌이 있다.

인생의 봄여름이 다 지나가고 있는 지금
그러나 나는 자꾸만 발돋음을 한다,
힐끔거린다, 여름방학을 맞은 소년처럼

세월의 담 넘어 저쪽을 바라본다,
생애의 그 중 예쁜
그 무엇이 있을 것 같아서.

2부

간이역

간이역 1

환하게 쏟아지는 가을 햇살 한 줌도
잠자리는 못내 아까운가 보다.
마른 가지 끝을 부여잡고
고추잠자리 혼자 햇살을 쪼이고 있다.

아름다운 이 가을 풍경도
사실은 마른 나무 삭정이 같은 세상
이 세상이 저 잠자리에게
한갓 간이역이었으면 좋겠다.
훨훨 날아 또 다른 고향에 가기 위한
간이역이었으면 좋겠다.

젊어서 아니 보이던
간이역 같은 세상살이가 눈에 보인다.
나도 저 잠자리처럼
인생의 가을날에 와 있기 때문일까?
메마른 나무 끝 같은
이 세상 가을 한나절 같은 삶이란 것이
부디 간이역 같은 것이었으면 좋겠다.

죽어서 내 영혼 훨훨 날아갈
아름다운 저쪽을 기다리는
이것이 간이역이었으면 좋겠다.

고마리풀*

그 풀들을 건드리고 지나가는 물들은
모두 고마워 고마워하며 흐르고 있다

한 생명이 세상과 곁을 이루는 모습이
저렇게 아름답다.

나를 건드리고 가는 세월의 바람도
고마워 고마워하며 소리를 낼까?

흔하고 흔한 잡풀 한 포기도
제 생애의 물결을 정화시킨다는데
귀하고 귀하다는 인생의 물결 속에
나는 쓸데없는 오염 물질인가?
한 모금 산소 같은 물질인가?

세상 어디를 맑게 하기는커녕
더러워진 나를 씻으며
고마워 고마워하며 내가
세월의 흐름 속에 정화되고 있다.

* 고마리풀 : 물가에 자생하면서 물을 정화시키는 기능을 한다. 물이 고마워 고마워 하며 흐른다고 해서 고마리 풀이라고 불린다.

기다림

지난여름부터
복분자 술을 한 병 담그어 놓고
나는 해를 넘겨 기다릴 모양이다.
기나긴 엄동설한도 다 지나
해 바뀌어
새로운 봄 입춘과 정월대보름
다 지났는데도
그리운 사람아 너는 오지 않고
창가에는 아직 찬바람만 부는 걸 보니
나는 아무래도
한 계절 족히 더 기다릴 모양이다.

우수 경칩이면
아지랑이 피어나듯
살며시 찾아올 만도 할 텐데
그대여 아직 기별이 없으신가
기다리며 기다리며
창밖에 내보낸 내 마음은
아예 동구 밖에서 살고 있다
이렇게 나는 몸 따로 마음 따로
해를 넘겨 기다리기만 할 모양이다.

부레옥잠

동행하는 아름다움이란 이런 것이다.
부레옥잠, 같은 물에 살고 있으면서
우리의 결을 정화시키는 목숨의 향기
어쩌면 우리는 이렇게
흡사한 운명을 지녔더란 말이냐.

삶이라고 이름 붙여진 세상 진실을
우리는 한결같은
마음의 물로 씻으며 오로지 반짝이는
꽃으로 말하며 세월의 물 위에 떠 있다.
더러운 구정물 속에 뿌리를 내리고도
스스로 싱싱하게 남 보기에도
예쁘게 꽃을 피우는
부레옥잠아
부레옥잠아,
한 시대의 진땀 나는 강가에 서서
아프고 아름다운 정신의 꽃을 피우는
시인의 가슴아 시인의 가슴아.
우리는 어쩌면 이렇게 꼴이 같으냐
우리는 어쩌면 이렇게 같이 서 있냐

노들강변 그 느릿느릿한 강가에서
더럽고 때로 우리를 진땀 나게 하는
이 시대를 데불고
나는 가장 아름다운 것을 생각한다.
부레옥잠,
우리가 늘 이렇게 같은 물에서 논다는 것
지구의 한켠을 정화시키는 목숨이라는 것,
그 징표라는 것.

촛불

오늘도
촛불을 밝히며
하루를 연다.

순백의 가슴 열고
불꽃으로 바치는 헌신

빛을 밝히어
변함없이 열려진
하나의 창문
소리 없이 흐르는 사랑

문을 열고 나누는
너와의 만남으로 피는 꽃
그리운 임에게 바치는
나의 순정이다 나의 눈물이다.

너는 하늘 속에 피는 꽃
이 마음의 허허로운 깃발
사랑을 나누려는 갈망이다.

나도 너처럼
어둠을 사르고
세상 한구석이라도 밝히는

하나의 불꽃이 되고 싶다.
하나의 흔들리는 촛불이고 싶다.

열정

유월이 오면 산으로 가자.
유월이 오면 사랑하는 사람아
짙은 녹음 속으로 가자.
세상 근심 걱정 진땀 나는 이야기
모두 짐 꾸려서 녹음 속에 부려버리고
저 씩씩한 나무들처럼
여름 산을 오르자.

세상에 살아 있는 것들 저토록
불뚝불뚝 일어서지 않는가
적당히 암컷이나 수컷이 되어
목숨의 짙푸른 열정의 한때를
신나게 닝닝거리고 있지 않는가
저것 보아,
이 계절의 덩굴장미들도
온몸으로 생리하듯
삶의 울타리를 마구 넘어서지 않는가

그러므로 사랑하는 사람아
뜨거운 여름이 오면 산으로 가자.
우리도 저 못지않는 열정으로
제 몫의 생애를 넘는

풀이며 벌 나비며 거대한 숲
산천초목처럼
한 번쯤 푸르고 푸르게 우거지자.
가장 열렬한
사랑의 산 하나가 되어 버리자.
유월이 오면 산으로 가자.
유월이 오면 사랑하는 사람아
짙은 녹음 속으로 가자.
세상 근심 걱정 진땀 나는 이야기
모두 짐 꾸려서 녹음 속에 부려버리고
저 씩씩한 나무들처럼
여름 산을 오르자.

봄눈

봄이 오는 길목에
웬 시샘인가
온 세상 넓은 하늘 가득
눈꽃의 현란한 축제 한마당

생명의 원초적인 빛깔인가
설레는 가슴 잊히지 않는
젊은 날의 그리움이 눈송이처럼
끝없이 날아오른다.

새로운 것
보이지 않는 소리가
저 멀리서 손짓하며 부르는 듯
나를 사로잡는다.

때늦은 눈꽃의 축제 속에
그대와 그리움의 한 자락이라도 펼칠
미래의 만남을 꿈꾸며
나도 하늘 높이 떠오른다.
봄이 오는 길목에서.

보름달

둥근 달은
언제나 그리움인가 보다.
고향집 언덕 위에
그리움으로 솟아나
떠오르는 둥근 달
이루지 못한 사랑 하나가
애를 태운 가슴 하나가
새롭게 달아오른다.

너는 영원한 내 고향
이제는 잊히는가 싶다가도
문득 떠오른다 너는
긴 한숨이 정적을 깨우는 밤
내 마음 한켠에
고운 달이 떠오른다.
둥근 달이 떠오른다.

새벽 운동장

가슴이 트이듯 맑고
푸른 새벽 공기
그 속을 호흡하며
나는 참생명의 바람 소리를 듣는다.

저마다 구르는 공을 잡아보려고
뛰어다니지만 공은 뜻대로만 되지 않는다.
다만 공을 향해 힘껏 내달리며
소리를 질러대는 사람들로 인해
운동장엔 생명감이 철철 넘친다.

공을 서로 주고받으며
목표를 향해 내달리는 동안
헛발질도 하고 헛소리도 지르게 되지만
그게 정작으로 살아 있는 생명의 소리라는 것을
새벽 운동장에 와 본 사람은 안다.

살아 흐르는 바람
살아 튕겨 나가는 공
살아 있는 힘의 모습이다
사람들은 공을 차면서 실은 지구의
어느 한켠을 꿈틀거리게 하고 있는 것이다.

새벽 운동장에는
이제 곧 태어날 새 생명의 햇빛처럼
싱싱한 사람들의 예감과
예감처럼 부풀어 오른
탱탱한 공들이 뛰어다닌다.

개 삽니다

얼마나 세상이 더럽고
인간들이 개만도 못하면
누가 저렇게 목이 터지게
개 같은 개다운 개를 사겠다고
떠들며 다니는 걸까
개 값은 얼마일까
개들이 정말 이 진땀 나는 세상을
무사히 살아갈 수 있을까
개 같은 인간의 죗값으로
자신의 피를 주었던
젊은 예수가 생각난다.

봄이 오는 소리

강나루 언덕 작은 오솔길로
이제 겨우 연둣빛 색깔을 띠기 시작한
새싹들이 몰려 내려오고
이 봄에 새로 입학한 조무래기들의
재잘거리는 입방아처럼
노오란 햇살이 퍼져 내리고 있다.

아지랑이 피는 연둣빛 들판에는
맑은 목청을 뽑으려나
멧새들도 아롱대는 햇살에 부리를
씻어대고 있고 조무래기들이 내달리는
바람 소리 향기롭게 들리고 있다.

이제 저들도 강을 건너서
학교에 갈 모양이다
어디선가 땡땡땡땡,
수업 시작을 알리는 종소리가
들려오고 있다.

선운사

세월을 시샘하는 듯
꽃샘추위 매서운데
고찰에 서린 사연을 풀어내는
늙은 해설사의 전언을
한마디도 놓치지 않으려고
엿듣는 나그네 마음만 급하다

산마루에
서린 운무는 저리도
차갑게 내려와 처연하기만 하고
천 년 풍상 쌓인 사연
가슴만 답답하다.

어쩌랴
한때는 왕성했던 시절에
선인들의 올곧게 살려한 구도의 길
둥 둥 둥
심금을 울렸던 그 종소리가
지금에도
서산마루에 흐른다.

대보름

동구 밖 산자락 위의 달님은
소원을 빌려는 사람들의
하얀 소지들이 달꽃처럼
걸려 있는 달집 위로 내려와
휘영청 희망처럼 웃고 있다.

삶에 지친 중생들의
소망을 담은 달집은 불꽃이 되어
밤하늘의 별처럼 피어오르고
장단 맞춰 돌아가는 풍물패들
어깨춤 사이로 소망의 바람 소리는
흐르고 있다.

숱한 사람들이
핏빛처럼 타오르는 불꽃을 향하여
제각기 소원을 빌고
모두들 술에 취한 듯
덩실덩실 춤추며 돌아가는 사이로
달님은 넌지시 웃으며
시름을 만지고 있다.

6월 산행

상수리 떡갈나무 굴참나무들이
생명의 솔바람 풀어 넣는다.
산새들이 하늘을 끌고 내려와
숲 속에서 소리로 커진다.

사람아
6월 어느 하루쯤 까짓껏
산으로 산으로 들어가 버리는 거다.

푸르름 속에서 푸른 물기 흐르는 속에서
하루쯤 뒤집어지게 놀다 보면
드디어 우리도 파랗게 파랗게
물들어 버리지 않을까

어느 하루쯤 까짓껏
푸른 물기 흐르는 산속에서
가슴 열어제치고 뒤집어지는 거다

간혹 잃어버린 내 이름을 부르며
산새가 목 놓아 울기라도 하면
파랗게 물 오른 오른팔 같은 나뭇가지를
흔들어 보면 될 터이고

사람아 우리가 함께 짙푸른 나무 되어
어느 누군가에게 생명의 솔바람이라도
불어 넣으면 될 거 아닌가.

강가에서 1

내 고향 시골 마을엔
맑은 강물이 흐르고 있다
은빛 피라미 같던 우리들은
그 강여울에서
피라미 뱃바닥보다 더 눈부시게
깔깔대며 노닐었다.

그때 그 강 물결들은 지금쯤
어느 먼 바다에 닿아 있을까
인생의 강을 이만큼 흘러온 지금
뒤돌아보니 아무도 없어라

시끄러이 노닐던 동무도 없고
그 맑던 강여울도 옛것이 아니다.
새로이 댐이 생기고
강심이 깊어졌기 때문일까
강여울 물소리조차 들리지 않는다.

그래 강여울 물소리,
인생도 강심처럼 그 나이가 깊어지면
조금은 조용해져야 하리,
참새 떼 여울 건너는 소리처럼

시끄럽고 젊은 나이를 지나
이제 조용히 흐르는 강물처럼
고향을 돌아보고 왔다.

강심 깊이 먼 바다로 흘러가는
강이여,
연륜이여,
그러나 예나 지금이나 강물은
모든 것을 안고 흐른다.

강가에서 2

5월 신록이다
어디서부터 흘러와서
어디로 흘러가는 물결인가.
문득 눈 떠보니
온천지 초록 물결이다.
이 푸른 강물에
나는 풍덩풍덩 뛰어든다.

옷 젖는 소리
천지간에 풀물 드는 소리
나는 마침내
발 달린 나무처럼 걷는다.
온통 초록색 풀물이 들어서.

강가에서 3

강가 자갈밭
혹은 풀섶에
새들은 알을 낳는다.

어린 시절 그 강가에서
내가 놓친 노고지리
무사히 알을 낳고
예쁜 새끼들과 함께
또 다른 세월을 날고 있을까

살아가는 일이 곧 물 같아서
우리도 이 강가에서 알을 낳듯
꿈을 낳고 기르며 산다.
그러나 우리의 꿈은
오랜 인고의 부화기를 거쳐도
아직 날개를 달지 못하고 있다.

어린 시절 그 강가에서
내가 잃어버린 노고지리 알을 찾듯
고향 강 언덕 풀섶을 돌며
예쁜 강 자갈 하나 만져 본다.

척박한 시간의 강
억새밭 같은 삶 속에
사람들은 알을 낳고
날마다 날개가 돋는 꿈을 꾼다.
그 꿈이 끝까지 아름다운 건
비상할 날이 아직껏 미정인 탓이다.

3부

사랑 엿듣기

테니스를 치며

아내만이 아내가 아니다.
삶 속에서 껴안는 것은 다 내 아내다.
테니스를 치면서 그걸 알았다.
내가 힘껏 공을 쳐내는 게 아니라
내가 철저하게 테니스를 껴안는다는 것을
보송보송하고 탱탱한
그래서 보드라운 공을
저 멀리 쳐내는 동안
사실은 뻘뻘 땀 흘리는 내 젊음과
내 젊은 날의 추억이
더 멀리 튀어 오르고
삶의 기쁨이
맑고 푸른 하늘 아래 피어오른다.

사랑 엿듣기

나는 오늘도 사랑을 엿듣는다.
살아가면서 배우고 배워도 끝이 없는
깨달아도 깨달아도 새롭기만 한
끝 모를 깊이의 말 한마디
나는 오늘도 사랑을 엿듣는다.

이른 아침 하루의 문을 열기가 무섭게
아내는 제 새끼처럼 자잘한
화분들에게 물을 뿌리며 있고
나는 조간신문을 펼쳐 읽지만 사실은
가슴의 곁눈을 뜨고 사랑을 엿듣는다.
이름도 모르겠는 대단치도 않은 화초며
그저 잎사귀나 몇 개 푸르른 화분
저것들이 아내의 손끝에서 마냥 싱싱한 것은
과연 무슨 힘일까?
그것은 혹시 사랑의 힘이 아니었을까?

아침에 눈을 뜨자마자 아내는
창문을 열고 햇빛과 바람을 받아들였지
그래, 그것은 참생명의 힘을 받아들인 건 아닐까?
그녀가 뿌린 몇 모금의 물이란 것도
사실은 그녀의 마음을 뿌린 것이고,

아 아 나는 이렇게 엿듣는다.
모든 살아 있는 것들은
사랑의 힘으로 산다는 것을
관심의 울타리 안에 산다는 것을
아내는 오늘도 작은 화분들을 돌보고 있다.
창문을 열고 햇볕 가까이 그것들을 내어놓고,
마음을 뿌리듯이 물을 주고 있다.
그녀의 저런 관심과 사랑에 대답하듯
예쁜 꽃들을 피워 보이는 화분들
나는 신문을 뒤적거리며 있지만 사실은
아내와 작은 화초와의 대화
목숨 있는 것들의 사랑 얘기를 엿듣고 있다.

아내

머언 옛날 어릴 적
중매쟁이가 건네준 새악시 사진 한 장
나는 사진 속의 그녀가 얼마나 예뻤던지
가슴에 늘 지니고 다니며 꺼내보곤 했었다.

어느 날 갑자기 장인 되실 어른이
우리 집에 불쑥 찾아오셨을 때
나는 무조건 넙죽 절할 수밖에 없었고
무슨 말을 했는지 생각나질 않는다.
다만 껄껄 웃으시던
그날의 어르신 웃음소리만
지금도 귀에 들리는 듯하다.

중매쟁이 따라 새악시 집에 갔을 땐
낯선 놈 하나가 다 큰 처녀 훔치러 온 줄 알았는지
떠나갈 듯 짖어대는 온 동네 개들과
두 눈 휘둥그레 뜨고 내려다보는
붉은 홍시들이 나를 맞았다.

인생의 이 느지막한 때에 이르러
그때의 빛바랜 사진 한 장 꺼내보며
내 살아온 인생길을 뒤돌아본다.

부부는 서로 닮는다 하지 않던가
무탈하게도
무탈하게도
우리는 서로 닮아
빛바랜 흑백 사진처럼 앉아 있다.

과수원 길

사과꽃 향기 속에는
너의 속엣말이 숨겨져 있다.

사과꽃이 피면 만나자던 가시내야
사과꽃이 수없이 피고 져도 만날 수 없이
빨갛게 사과가 익어가는
이 늦은 인생의 가을날에도
나는 너와의 언약이 자꾸만 생각이 나서
과수원 길을 서성인다.

사과꽃이 피면 만나자던 너의 핑크빛 속삭임이
지금은 저렇게 영글어버린 걸까?
가을 과수원 길을 걸으면서도
나는 진작에 떨어져 나간
사과 꽃잎의 숨겨진 이야기를 엿듣고
이상하게 향기로운 내음새에 머뭇거린다.

잘 익은 가을 사과 속에도
여전히 남아 있는 지난 이야기
오래된 과수원 길에도 여전히 남아 있는
우리들의 발자국
나는 비밀한 꽃내음에 잠시 눈을 감는다.

사과꽃 피는 나무 아래는
네가 남기고 간 말들이 떨어져 있다.

어느 가을날

문득 마주치곤 했었지
그때마다
가을 사과 그 빠알간 빛깔처럼
발그레한 얼굴로 부끄러워하던 너

내 가슴은 두근거려 터질 것만 같았지
나는 말 한마디 건너지 못한 채
덩달아 마음속이 붉어져
마음은 온통 동구 밖 코스모스처럼 흔들렸지

가을 사과 그 빠알간 빛깔처럼
나와 마주치면
귓불까지 빨개지던 가시내야
지금 어떤 계절에 가 있느냐

아, 지금은 먼 옛날
빠알간 사과를 보면
그녀의 빨간 수줍음이 뇌리를 젖어온다.

내 순정의 일기장을 들킨 양
나 혼자서 부끄럽고
그 옛적의 어느 가을날
사과처럼 호젓이 달아오른다.

잔디 1

이 세상에 뿌려진 한 목숨
푸른 잎으로 누군가에게
시원한 그늘은 되지 못하고
한 세상 주어진 생애 내 속의 길을 찾아
잠을 키운 세월 속에
눈 비비고 일어서는 바람처럼
가끔은 사랑이 나를 흔들었어
나는 알아내었어,
어느 날 아침 이슬 온몸에 듬뿍 머금고,
내 안의 눈물까지도 모두 쏟아
나를 밟고 지나가는 이들의 발을 씻기는 거야
막달레나가 눈물로 그 임의 발을 씻겼듯이
또는 그 임께서 제자들의 발을 씻겼듯이
그렇다면, 그렇다면,
메마르고 지루한 세상에
나 또한 촉촉한 사랑의 이야기 하나 시작하는 거야
오늘도 푸른 입술의 마디마디에 꽃처럼
영롱한 이슬을 머금고
지나가는 이들의 흙발을 씻기는 거야
그들도 사랑 앞에서 흔들릴 때까지.

속내

아내는 아침 식탁에서부터
추억을 차려 놓는다.
풋고추 몇 개 고추장 마늘 장아찌,
사랑은 이토록 세월이 한참 지난
뒷날에까지
추억처럼 찾아오는가 보다.

돼지고기 두루치기
검은콩 듬성듬성 박힌 잡곡밥,
하나같이 눈물겹던 어머니 사랑을
아내는 무심코 차려내지만
나는 아침을 먹는 게 아니라
아침부터
특별히 아름다운 추억을 먹는다.

"여보 나 밥 한 공기 더!"
주문하는 내 속마음을 모른 채
아내는 건강을 염려한다며
겨우 밥 몇 숟가락을 더 얹어 주지만
아아, 나는 정말 따뜻한 사랑을
가슴으로 받는다.

어머니의 모습

혼자되신 어머니는 아들에게
늘 아침 밥상을 차려 주시지만
따끈따끈한 마음 한 접시
눈물겨운 사랑을 내어 놓으신다.

나는 비로소
저것이 그냥 양식이 아니라
어머니 한평생의 가장 훈훈한
사랑이라는 것을 안다.

뭉게구름

반세기 머 언 옛날에
금지옥엽 외아들 놓아두고
방물장사 나가신 어머니를
철없는 동생 들쳐 엎고
동구 밖 어귀에 나타날 기약 없는
어머니를 기다리고 있는
어린 누나가
저 머나먼 별빛 속에 있었다.

별빛은 밤하늘을 누비고
뭉게구름 어둡게 나뭇가지에 걸렸는데
휘영청 밝은 달이 숨바꼭질을 하고 있는
사이로 풀벌레 소리는
시끌벅적 삶이 고달픈 이들을
위로하였었지,

멈춘 듯이 흘러가는
뭉게구름 사이로
누나가 기다리던
그 옛날의 어머니
얼굴 떠올리며 눈물짓는
못난 아들

이제 가슴은 온통 붉게 물든다.

호숫가 발아래 펼쳐진
뭉게구름 사이의 어머니 만나려고
풍덩 빠지려는가
물가를 서성거린다.
눈가에 이슬 맺힌다.

아내의 꽃밭

베란다에는
아내가 그동안 모아온
화분식구들이 제법 많다.

아내는 아침 일찍부터 하루에도 몇 번씩
마음을 주듯이 물을 주기도 하고
창가에 옮겨놓기도 한다.

베란다에는
화초마다 서로 시샘하는 듯
아름다운 꽃들이 핀다.
짙푸른 잎새는 윤기가 졸졸 흐른다.
아내의 사랑이 저런 식으로 흐르는 것이리라
그녀가 애지중지 손길을 보태는
화분 속 화초들의 자잘한 잎새 하나에까지
생명을 만드신 분의 생생한 속내가
인간의 눈에 자꾸 들키고 있다.

베란다에는
화분들과 아내와의
작은 속삭임과 밝은 미소가 있다

아까시꽃

그러기가 어딨어!
세월 까마득히 흘렀는데
우리 나이에도 이제는
백발이 성성한데
여태 웃고 서 있기가 어딨어
세상에 봄이 오고
아까시꽃 피어 넘칠 때마다
너 예쁘던 그 앞니 다시 드러내놓고
자꾸자꾸
내 앞에 걸어 나오기가 어딨어
그렇게 암말 없이
웃고 서 있기가 어딨어!

파도 1

파도가 희게 웃는다
소리 없이 이빨로만 웃던
여자여,
지금은 세월의
어느 파도쯤에서 웃고 있을까
기억 속의 네가 웃고 있다.
어둠 속의 저 파도처럼
흑백 필름처럼
오래전에 헤어진 나의 여자여,
파도가 희게 웃는다.

파도 2

바닷가
넘실대는 작은 파도
저 멀리
역광 속에
그녀 웃는 모습
은빛 눈부신 파도는
그녀의 하얗게 웃는 앞니
들려오는
웃음소리

사랑을 위하여

삶의 피안에서
내가 그대에게
희망이고 행복일 수 있다면

그리하여 그대에게
진정 꿈이 되고 사랑이 되고
기쁨을 줄 수 있다면

나는 진실로
그대를 위하여
내 사랑 한 마리의 파랑새가 되리

나를 던져 온 마음으로
그대를 사랑할 수 있다면
나는 기꺼이 그 길을 택하리

사랑을 위해
나를 버릴 수 있다는 건
생각만으로도 아름다운 것
나는 그대에게
꿈이고 행복이고 사랑이고
그대의 전부가 되고 싶다.

가을 산행

그리운 내 고향
뒷산이 불타고 있다
훅훅 불 뿜는 열기로
뜨겁게 타오르며
핏빛 그리움이
온 산을 불태우고 있다

뜨겁게 타오르며
온 산이 불타고 있는데
그리운 이름 부르는 소리는
메아리로 돌아오고 있다.
타들어가는 저 빛깔의 소리

아 지금은 머언 옛날
너와 함께 오르던 이 길
추억을 삼키며
산을 오르는 내 가슴
핏빛 그리움이 타고 있다

순이야
순이야
세월의 강으로 흘러간

너를 부르며
내 가슴은 시방
뜨겁게 타오르고 있다

하루를 열며

오늘 하루
누군가에게 꿈을 주고
행복을 줄 수 있다면

그래서 그에게
사랑이 되고
행복이 될 수 있다면

나는 그를 위해
나를 버리고
내 사랑 멈추지 않으리

나를 던져 온 마음으로
그를 사랑할 수 있다면
나는 기꺼이 그 길을 택하리

사랑하는 사람을 위해
무엇을 할 수 있다는 건
참으로 아름다운 것

나를 불살라 그를 위해
내 사랑 멈추지 않으리
값진 인생을 위해

강가에서 4

너는 언제나
강 건너 저편에 있다.
나는 날마다
너와 나 사이의 이 강에다
다리를 놓는 꿈을 꾼다.

옛날 옛날에 등짐 부려 만들던
섶다리도 놓아보고
징검다리도 놓는 생각에 골똘하다.

그러나 무슨 소용이랴
철근 콘크리트 현대식 철교라 한들
너를 쉽게 만날 수 있을까

사랑아 순정한 사랑아.
너하고 나 사이에 이 유순한 마음 같은
강물 하나 흐르면 되었지
새로이 무슨 다리가 필요하냐.
그러나 나는 날마다
강 건너 저편의 네가 그립다.

강가에서 5

세상에 사는 게 뭔지
어린 손자놈 노니는 꼴이
어디서 많이 보아온 모습이다.
씨도둑은 못한다는 듯이
영락없는 내 어릴 적 모습 아닌가

세상에 사는 게 뭔지
바로 엊그제 같은 일이지만
내 인생 어느덧 강 하구에 다달았는데
손자놈은 구만리 같은 걸음마를
이제 시작하고 있다.

세상에 사는 게 뭔지
이 유장한 흐름을
철모르는 손자는 지금 시작하며 있고
나는 마치 어제 일인 양
꼼꼼히 들여다보고 있다.

아픔에 대하여 2

치과에 다녀왔다.
평소에 자신했던 건강,
잘 살아 온 한평생,
그런대로 지켜온 자존의 무게,
그것이 얼마나 가벼운 것인가를
치과에 가보면 안다.

치과에 다녀왔다. 그곳에서
나는 지푸라기처럼
가볍게 들려졌다.
작은 핀셋 하나로
이 사나이를
아주 가볍게 들어
올리던 간호사
세월은 가끔 치통보다 더 아프다.

아픔에 대하여 3

치과에 다녀왔다.
밤새 끙끙 앓던 치통을 부여안고
찾아간 의사는
썩은 치아만큼이나 답답하다.
어디가 어떻게 되었다든가
어떻게 치료하겠다든가
시원하게 말해주지 않는다.

치과에 다녀왔다.
웬지 자신 없어 하고
시원시원 통증을 치료하는 법을
말하지도 않는
갑갑한 치과에 다녀왔다.
혹시 자격미달이거나
임상경험이 부족한 의사가 아닐까
불쾌하게 의심하는 나를 타이르듯
내 인생 육십에다 대고 그가 말했다.
'인생은 아픔만큼 성숙하는 겁니다.'

그는 남의 아픔을 자기 아픔으로
껴안고 사는 의사였다.
가능하면 뽑지 말라고,
마지막까지 아껴야 할 것은 이빨이 아니라

뽑아버리는 행위 그 자체라고
그는 어린아이 달래듯 나를 타이르고
내 아픔에 사랑의 주사 한 방을 놓아 주었다.
오늘은 치통보다 진한
특별한 사랑에 내가 아프다.

청개구리

하느님 보시기엔 내가 청개구리다
발바닥에 무슨 끈적거리는 풀이 있어서
죄에 거꾸로 매달려서도
잘도 살아간다.

무슨 개 같은 글이랍시고 쓰려는가
개글개글 우는 소리로 말하며
세상 길에 보기 좋게 서 있는 것 같지만
사실은 하늘에서 내다보면
지구 한켠에 쓸데없이
거꾸로 매달려 있는 목숨이다.

4부

하느님의 기별

눈 내리는 아침

새벽부터 하느님의 기별을 받았다
이 순백의 편지 한 통
내용 없음으로 오히려 천지간에 가득한
그분의 말씀이 온 누리를 덮는다.

찬란히 쌓이는 백설의 꽃은
온통 축복으로
지상에 있는 모든 것들을 덮어버리고
찌들은 이 가슴에도 내려앉는다.

눈 쌓인 운동장에 강아지들 뛰놀 듯
나도 운동장을 마음껏 뛰어보며
수북히 쌓이는 백설의 꽃 이불에
벌렁 누워 얼굴에 꽃 세례를 받는다.

이토록 소리 없이 내리는 함박눈은
때맞춰 하늘로부터 만나를 내려주시던
창조주 하느님의 포근한 손길이리

오늘도 천지사방을 하얗게 덮으시는
하느님의 이 순결한 사랑의 옷을 받아 입고
세상은 훨씬 밝고 깨끗해지겠지.

새해의 기도

새해에는
이런 사람이게 하소서

우리 살아 사는 동안
아침 햇살처럼
충만한 은총에 감사의 눈물로
하루를 열게 하소서

훗날 당신의 품에 안기기까지
항상 어린아이로 남아 있게 하소서
가야 하는 목숨의 바다
기도의 눈물로 항해하게 하소서

이제는 짧은 만남
가장 아름다운 열매를 위하여
비옥한 시간으로 가꾸게 하소서

모든 것 안에 계시는 그분을 뵈옵는
혜안을 주소서
오직 한 분을 택하는 목숨이게 하소서

나를 사랑하는 사람을,

나를 사랑하지 않는 사람을
사랑하게 하소서

새해에는
이런 사람이게 하소서

샛별을 보며

언제부터인가
월요일 새벽이면 가는 곳이 있다.
주간이 시작되는 월요일 아침
눈 뜨기가 무섭게
동트는 새벽길을 더듬더듬 가는 곳
새날 아침의 첫 자리
영롱한 샛별을 머리에 이고 가서
나의 하루 첫 시간을 임께 드린다.

긴 심호흡으로 정적을 깨우는 새벽길
가장 처음인 시작을
가장 새로운 마음을
가장 소중한 것으로
임에게 먼저 드리고 싶은 것은
기쁘게 받아주실 그분을 생각하며
사실은
내가 더 행복한 탓이다.
내가 더 축복받는 탓이다.

한 주간이 시작되는 월요일 첫 시간
샛별을 보며 미사 드리러 가는 길.
이제 밝아올 아침보다 환한 믿음으로

내 생명이 찾아가는 길이 있다.
세상 만물이 아직 잠들어 있는 어둠 가운데
홀로 찬란히 깨어 있다는 이 기쁜 행복

아침이면

그분은
이른 아침
늘 같은 시간이면
나의 창가를
노크합니다.
잠이 깨어 창문을 열면
진초록 푸른 향기로
들어오시는 분

오늘 하루도
나의 사랑이
촛불처럼
타오르기를
나의 삶이
그분의 푸른 향기로
변함없기를
기도합니다.

오늘 하루도
누군가에게
향기를 전하는
바람이기를

감사이기를
기쁨이기를
나의 아침에게
인사합니다.

나목 1

푸르고 무성하던 잎사귀들을 털어버리고
눈이 오나 비가 오나
칼바람을 맞으며 맨살로 버티는 것은
이제 막 눈 시린 잎을 내밀려는
어린 나무들에게 삶의 무게를
보여주어야 하기 때문이리.

때로는 버릴 줄도 알아야 하는 삶이
아름답다는 것을 온몸으로 가르쳐주며
털어버리고 가야 하는 일이 숙명임을
어린 나무들에게 보여주어야 하기 때문이리.

꽁꽁 얼어붙은 눈 덮인 대지에
죽은 듯이 서 있는 동안에도 지구 저 끝에서는
꿈틀거리는 소리가 들려온다.
발가벗고 떨며 서 있는 동안 지구 구석구석에서는
살아 있는 뿌리들 움찔거리는 소리 들려온다.

아 지금 멀리 파란 봄을 부르며
홀로 서 계신 분
그분은 진정 누구이신가.

나목 2

나는 그렇게 못합니다.
정말 나는 그렇게 못합니다.

발가벗은 몸으로
이 세상 추위의 한가운데
당당하게 서 있지 못합니다.

모진 풍파 혼자 견디지 못합니다.
살을 에는 아픔 그 천대 멸시
죽으면서 까지는 다 견디지 못합니다.

그러나 믿습니다.
그 사랑, 그 희생, 그 아픔을 딛고야
참생명이 부활한다는 것을 믿지만
나는 정말 연약하기에
그리는 못합니다.

인간의 가장 험한 겨울 산
그 골짜기에 내 삶의 한가운데에
나목처럼 언제나 서 계신 예수여
십자가 나무여

잔디 2

세상에 이름 알리기보다
저 하늘 높은 곳에
내 이름을
내 씨앗을 뿌리는 게
차라리 옳으리라
세상의 불볕 아래
그러나 저 잔디들
제 목숨의 키보다
높은 곳으로 하늘 속으로
자기 이름을 자기 씨앗을
밀어 올리고 있다.

이름표

추운 겨울 다 지나가고
하느님 말씀 같은 따듯한 햇살이
세상에 퍼져 내리니
모든 귀 있는 것들이 알아듣고
저요, 저요, 저요,
일제히 손을 들듯 촉을 틔우고
제 이름 부름에 대답하여
꽃을 피운다.
사랑한다거나 세상에서
가장 따듯한 것은
이름을 불러주는 것이 아닐까
내 자식도 그 이름을 불러줄 때
예쁘게 잘 자라듯
우리는 누군가 내 이름을 불러줄 때
네, 네, 네,
옳게 대답하듯
한세상 예쁘게 살아야 하지 않을까
제 이름표의 꽃을 피우는 것으로
대답해야 하지 않을까.

구치소 1

사람은 누구나 제가 만든 감옥
스스로의 길에 갇혀 있다오
이 세상의 감옥 그 견고한
구속 안에 있는 친구여
그곳은 진정 감옥이 아닐 수 있다오
그곳의 그대가 진정 자유인일 수도 있다오
일주에 한 번씩 사랑한답시고 봉사한답시고
정기적으로 거길 다녀오면서
나는 그만 그걸 보았다오.
나는 그만 진실의 속내를 들여다보았다오.
그쪽에 못 박혀 있는 그대보다
이쪽의 자유스런 내가
더 부자유스럽다는 사실.
오오 그 가식을 보아버렸다오.
제가 만든 상식
제가 만든 편견
이렇게 하는 것이 봉사요 사랑.
이렇게 하는 것이 참삶의 향기로 아는
이 같잖은 생각을 뽐내는 내가
오오 형제여 그대보다 불쌍한 사람,
제 생각의 감옥에 갇혀 있는 목숨,
그걸 알았다오, 그걸 알았다오,

지금 선한 생각에 갇혀 있는 그대는 참자유인,
지금 저 잘난 가치에 갇혀 있는 나는
스스로 구속된 불구의 몸,
아아, 나는 그걸 알아 버렸다오.
사람은 누구나 제가 만든 감옥
그 감옥을 살거나
사람은 누구나 남이 만들어준 자유
그 길을 누리며 간다오.

구치소 2

회색의 도로를 지나
저편 산 밑의 언덕에
누워 있는 공룡 같은 집
덜커덕 빗장 걸리는 소리는
무거운 아픔으로 다가온다.

공허한 하늘과 차가운 바람에
만나는 서글픈 시간들
돌담 안 미지의 창문 앞에서
순수와 열정으로 만나는 시간들이
작은 불씨 하나 되어
그들의 눈과 마음을 두드린다.

창 안의 영혼과 창밖의 영혼 사이에
다정한 만남이 쌓이노라면
비상의 꿈을 이루어낼
한 마리 파랑새를 키우게 되리니
부족할 수밖에 없는 사랑 하나로
생명의 실핏줄은 다시 태어나리니.

사랑하는 이여!
아침마다 눈부신 태양처럼

다시 뜨는 꿈을 키워야 하리라
다시 뜨는 꿈을 키워야 하리라
덜커덕 빗장 소리는
함께 건너야 할 우리들의 아픔이다.

구치소 3

철근 콘크리트로 만든 새장이다.
새장에 갇힌 새처럼
날개 접고 앉아
속으로 우는 사람아
내게 힘 있는 오른팔이 있어
그 철옹성 같은 새장을 부술 수 있다 한들
그것이 그대에게 자유가 될 수 있겠는가
그것이 그대에게 구원이 될 수 있겠는가
튼튼한 어떤 새장보다
더 견고하게 나를 가두는
생각의 틀
마음의 틀에 스스로 갇혀서
어둠 속으로 빨리 달려가는
세상 사람들보다
지금은
오히려 그대가 더 행복한지도 모른다.
그대가 오히려 구원의 틀에
갇혀 있는지도 모른다.

제사

피어오르는 향 연기는
임께서 흠향하심인가 끝이 보이지 않는다.

흔들리며 타오르는 촛불에는
그리운 임 따듯하게 웃고 계신다.

마알간 술 가득 담아
높이 올린 술잔에는 공경과 사랑이 가득하다.

후손들 다 함께
두 손 모아 절하는 모습 그 정성이 간절하다.

재롱떨며 절하는 손주 녀석 내려다보시며
쓰다듬는 손길이 저렇게도 기쁘실까

형제들 모두 모여 나누는 술잔에는
사랑이 철철 기쁨이 철철 넘쳐흐르는데

밤하늘의 별들과 달님도
모처럼 소리도 없이 웃고 있구나.

눈

천지사방이
온통 은빛으로 뒤덮이고
함박눈이 종아리까지 덮을 만큼
수북히 쌓이는 학교 운동장에는
탄성을 지르며 뛰노는 아이들 함성이
고무공처럼 튀어오른다.

일곱 살 손자 녀석과
다 늙은 소년이
함께 엉겨 눈 속을 뒹구는
이곳이 정말 맞다
순결한 세상이다
살아서 가보는 하늘나라다.

제 세상 만난 듯이 흥에 겨워서
깔깔대는 아이들 웃음소리는
하늘이 지휘하는
장엄한 오케스트라
오전 열 시의 함박눈 눈송이들
속으로 아름답게 섞이고 있다.

아픔에 대하여 1

치과 병원엘 갔다.
사랑하는 사람과의 생이별이
이만큼 아플까
도저히 참을 수 없는 치통이
나를 병원으로 데리고 갔다.

사람은 무엇으로 우는가
사자도 어디가 아프면
워우 워우 사자 울음을 우는데
나는 사람답게 울지도 못했다.
까짓 치통 때문에
짐승처럼 끙끙대다니

병원 커다란 거울 속에
자기도 모르게 끙끙 앓고 있는
이상하게 생긴 내가 비쳐 보여서
치통보다 더한 아픔을 얻어왔다.

아픔에 대하여 4

꽃들이 아프게 나를 보고 있다.
사람들은 누구나 한가지씩
아픔을 안고 살아간다.
내가 치과 병원에 갈 때에도 그랬다.
내가 안고 가던 통증과
남들 또한 한 입씩 머금고 나오는
삶의 통증들이 그걸 말해주고 있다.
세상에는 걱정이 없는 사람이 없고
병원에는 아프지 않은 사람이 없다.

꽃들이 나를 아프게 보고 있다.
내가 이 치통 때문에
아픔 한 입 가득히 물고 드나들던
병원길 한구석에 이게 웬 웃음인가
오늘은 못 보던 꽃들이 환하게 피어 있다.
오늘 피어 있는 게 아니라
내가 모르는 사이에
조금씩 조금씩 피기 시작한 꽃들이
마침내 오늘 내 눈에 보인 것이리라

꽃들이 아픈 눈으로 나를 보고 있다.
미안하고 미안하고 미안하다. 꽃들아,

나는 내 아픔 때문에 널 이제 보지만
너는 이런 내 모습을
처음부터 보고 있었다는 얘기 아니냐
내 아픔 가셔야 비로소 보이는 세상
사람은 누구나 한가지쯤 아픔을 안고 산다.
아아, 그러나
꽃들은 그런 세상 사람들을 처음부터
아프고 아름다운 눈으로 보고 있다.

살아 있는 것들의 노래

— 벌초

벌초를 하는 기계 소리에 산들이 놀래고
누워 있는 무덤은 기지개를 켜고 있다.

머 언 옛날 아버지께서 하늘 길을 걸어가실 때
눈 속을 헤집고 눈물로 떠나보낸 무덤 앞에서
그 문 안의 소식 궁금해 눈 감고 귀 열어 보지만
들리는 것은 이름 모를 풀벌레, 산새 소리들
그리고 나뭇잎들의 속삭임들뿐
아 아 그것은
아무래도 아직 못다 한 사랑의 노래이리라
뜬금없이 어디에서 나타난 걸까?
고추잠자리가 그 사이를 누비며 날개를
살랑살랑 흔들어대고 두 눈을 꼼작거린다.

나는 이제 알았다
존재하는 모든 것들은 저마다 누군가를
사실은 사랑하고 있다는 것을
삶도 죽음도 내 발 밑에 잠자는 혼을 밟고
새로이 어깨를 일으키는 것
세월의 저 끝에 오히려 높디높은
나의 하늘이 남아 있기에
내 거니는 자국마다 풀 잎사귀 하도 푸르러

뒤돌아 누구의 이름을 부르랴
이제 눈보라도 쏟아지는 비도
그리움으로 옷에 젖어오고.

성모님의 밤

꽃들의 향기가
하늘까지 닿는 오월이면
우리는 감히 당신을 부르며,
당신 앞에 섰습니다.

황홀하도록 아름다운 이 밤,
코끝을 스치는 이 바람은
당신의 향기인가요?
촛불 속에 일렁이는 저 불꽃이
진정 당신인가요?

어머니!
입술로만 부를 수 없는
가슴 아득한 그리움으로
당신을 느껴요.
슬픔과 괴로움 속에 떨고 있을 때
제 마음을 아시는 양
저를 보시는 당신의 눈이
안쓰러움으로
가득 차 있음을 보아요,
그리움, 사랑, 기쁨, 부끄러움조차도
당신이 함께 해주시기에

늘 저의 곁에 계심을 보아요.

우리의 어머니
성모 마리아!
주님 은총 가득 담아
즐거움으로 주님께
감사드리게 하소서
미움이 있던 자리에
사랑이 머물게 하소서

사랑하올 어머니
성모 마리아!
아버지 꾸중 앞에
감싸주는 어머니의 기도는
이 계절의 푸르름처럼
영원히 빛 나리이다.
저희를 위해 빌어주소서
마음을 깨끗이 비우고
주님사랑 받게 하소서.

꽃들만 아름다운 게 아니다

— "섬김의 집" 방문기

6월 어느 날
신록의 잎사귀들이 반짝거리던 아침
우리는 높은 산허리에 둥지를 틀고 들꽃처럼 살고 계시는
노령의 어르신들 목욕을 시켜드리기 위해 그곳
숲 속을 찾아가게 되었다.

이미 삶의 뒤안길에서 자연의 품에 안겨
맑게 맑게 살고 계신데
그분들께 무슨 때가 있으실까
누가 누구의 때를 씻기겠다는 것이었을까
노인분들의 등을 밀어드리며 우리는
그분들을 씻어 드리는 게 아니라
세상 속에서 찌들대로 찌들고 때 묻은
우리 자신의 모습을 남모르게 씻고 또 씻었다.

들창밖에는 이름 모를 꽃들이
저마다 환한 얼굴로 방 안을 기웃거리고 있고
어르신과 우리가 함께하는 동안
올해 새로 태어난 연초록 나뭇잎들의
싱싱한 풋 냄새가 솔솔 창문을 넘어오고 있었다.

꽃들만 아름다운 게 아니었다.
6월 아침, 신생의 연초록 잎사귀들과
살아 있는 사람들과, 풀냄새와 바람, 그 손길들.
꽃들만 아름다운 게 아니었다.

* 섬김의 집 : 충주시안림동 남산자락에 위치한 불우노인 요양시설. 목사님 내외분과 9분의 노인분들이 살고 있음.

그분의 선물

우리 마음이 날로
새로워지는 것은
저만이 홀로 간직한 보배처럼
내면 깊숙이 흐르는
샘물이 있기 때문이다.

우리 마음이 항상
아름다운 꿈을
지닐 수 있는 것은
깊은 밤이 지나고 먼동이 트이면
마실 수 있는 마르지 않는 영혼의
샘물이 있기 때문이다.

우리 마음이 좌절을 모르고
기쁨으로 새로워지는 것은
피곤한 다리나
메마른 입술을 적시고 물끄러미
올려다보는 자화상에
웃음 지을 수 있는
샘물이 있기 때문이다.

언제나 풍성하게 솟아 넘치는
영혼의 샘물이기에
때로는 그분의 은총을 저버리는
우리의 허물은
허물이어도 오히려 아름다운
우리의 행복이다.
크나큰 그분의 선물이다.

선한 영혼의 아름다운 내면 풍경

이재호(시인)

바라 '봄'의 미학(美學)

시(詩)란, 사물에 새로운 이름 붙이기다. 시란, 사물의 진실을 찾아가는 전혀 뜻밖의 관점이며 자기 내면의 특별한 앵글이다.

시란, 존재의 마음 읽기다. 시란, 사물의 아름다운 마음을 세상에 꺼내 보이는 언어 예술이다.

과연 시란 무엇인가, 이 명제에 대한 답변은 그리 간단치가 않다. 시가 갖고 있는 여러 가지 덕목 가운데에 어느 부분을 힘주어 말하느냐에 따라 이야기의 방향이 크게 달라질 수도 있다. 천의 사람마다 천의 견해와 답변이 있을 수 있다. 그러나 시가 문학이라는 언어 예술의 장르로 쓰였고, 사물의 진실을 관념이 아닌 참신한 비유와 번뜩이는 이미지로 말해야 비로소 그 감동 전달이 가능하다는 점을 이해한다면 '새로운 이름 붙이기' '존재의 마음 읽기' 같은 시에 관한 해석은 그것을 말하는 광의적 기본 틀에 해당된다 할 수 있다. 데뷔 후 1년 만에 첫 시집을 세상에 내어 놓는 김홍수 시인의 경우 성공한 대부분의 시편들에서 이와 같은 시적 표현의 기본에 충실해 있음을 확인할 수 있다.

아무도 없는 교정에
노오란 개나리들이
수업 시작을 알리는 종소리처럼
빠르게 빠르게 피어나고 있다
코흘리개 조무래기들의 웃음이
와르르 몰려나오고 있다
연초록 잔디밭 위에 돋아난
잡풀 꽃송이 몇 개를 봄바람이 저 혼자서
살근살근 건드려 보고 있다

이름을 모르겠는 멧새 한 마리가
무어라고 쫑알쫑알
닫힌 창문을 향해 지껄여대고
이 봄에 새로 입학한 지각생
메꽃 덩굴손이 쭈삣쭈삣
교실문을 두드리고 있다

학교를 졸업한 아이들은 지금쯤
어떤 세상의 운동장을 달려가고 있을까?
발자국만 남겨놓고 가버린 아이들의 뜀박질을
봄 하늘이 환하게 내려다보고 있다

다 늙은 소년 혼자서
닫힌 교문 앞을 서성거리고 있다
예쁜 여선생님의 호루라기처럼
금방이라도 학교 종이 울리면
와르르 쏟아질 햇살 같은 아이들이
교정 가득히 몰려올 것 같은 이른 봄날
머리가 희끗희끗한 아이 하나가
그 꿈같은 아이들의 미래를 엿듣고 있다

—「폐교의 봄 1」 전문

이 작품은 김홍수 시인의 문단 데뷔 작품 중 하나이다. 사물의 진실, 혹은 그 아름다움을 마치 눈에 선연히 보일 듯한 회화적 묘사법으로 표출한 시적 기교가 돋보이는 작품이다. 한 폭의 수채화를 보는 느낌이다. 언필칭 시문학이란 것은 언어를 매체로 한 예술 장르이다. 그렇다면 우리가 시(언어)를 통해서 얻을 수 있는 의미항(意味項)이나 그 언어가 주는 리듬(음악성)등을 음미하며 공감하는 게 통념이다. 그런데 김홍수 시인은 이 작품에서 사물을 회화적으로 묘사해 보임으로써 놀라운 시각효과를 우리에게 선사하고 있다. 손으로 만져도 지고, 두 눈으로 환하고 아름답게 확인할 수도 있을 만큼 선명하게 묘사한 솜씨가 놀랍다.

물론 이처럼 사물을 언어로 그림 그리듯 한 회화적 기법은 김홍수 시인의 독창적 전유물은 아니다. 이미 앞선 여러 선배 문인들이 흔히 사용했으며, 일반화된 문장 창작의 방법이기도 하다.

그러나 우리가 이 작품을 읽으며 특별히 감동하게 되는 것은 무엇일까? 그에 대하여 몇 가지로 구분하여 논해볼 수 있을 것 같다. 주제의 건강성과 완벽한 구조, 적절한 비유와 참신한 이미지, 그리고 묘사의 섬세함 등 여러 장점들을 열거할 수 있을 것이다. 그렇다고 한들 그 또한 무엇이란 말인가. 그러한 외형적 장점들은 그것이 누구의 작품이건 괜찮은 시편들이라면 의례히 갖추고 있는 아름다움이다. 어쩌면 당연한 보편적 장점이라는 이야기다. 필자는 이 대목에서 일반적이지 않은 오로지 김홍수 시인다운, 김홍수만의 목소리를 찾아 그 감동의 진원지를 확인해 보고 싶은 것이다. 그것은 이 시집 전체를 통해 시인이 일관되게 주장하고 싶은 메시지 창고 같은 것일 수도 있고, 표현의 비밀통로일 수도 있겠다.

필자가 이 시에서 발견한 김홍수 시인의 독창적 목소리, 각별한 아름다움은 사물을 바라보는 그만의 따뜻한 시각이었다. 시란 사물의 진실, 사물의 아름다움을 찾아내는 특별한 마음의 앵글이다.

김홍수 시인의 관점은 따뜻하다. 이 사랑스런 관점은 이 시인의 거의 모든 시편들에서 공통적으로 나타나므로 쉽게 알 수 있는 일인데 특히 「폐교의 봄 1」에서 두드러진다. 그는 이 작품의 행간에다 자신의 이런 마음을 잔잔하게 감추어 놓고 있다. 예컨대 "발자국만 남겨놓고 가버린 아이들의 뜀박질을 / 봄 하늘이 환하게 내려다보고 있다"같은 표현 하나만 보더라도 그렇지 않은가. 이 시구 속에 내밀하게 감추어져 있는 시인의 마음은 따뜻한 사랑으로 가득하다. 그리고 그 사랑은 원대한 소망으로 비쳐 보이기까지 한다. 이것은 사물의 단순 묘사가 아니다. 지금은 폐교가 되어 조무래기들이 모여들지 않는 텅 빈 운동장뿐이지만 시인은 그곳에서 그 이쁜 것들의 아직도 생생한 뜀박질과 웃음소리를 확인한다. 그리고 그들의 먼 미래에까지 시인은 한없는 사랑과 신뢰를 보낸다.

머리가 희끗희끗한 초로의 아이 하나가 되어 텅 빈 교정을 거닐며, 그 꿈같은 아이들의 미래를 엿들으며, 그리움에 잠겨 있는 시인의 모습은 따뜻하다. 이것은 그가 갖고 있는 사물 인식의 관점의 따스함이고 그것이 주는 아름다움이다. 그만의 '바라봄의 미학' 이랄 수 있겠다.

"봄 하늘이 환하게 내려다보고 있다"고 말한 것을 우리가 다시 자세히 들여다 보면, 하늘이 환하게 내려다보고 있는 게 아니라 환한 지경을 정말 환한 마음으로, 온유함으로, 한없는 긍정과 애정으로 바라보고 있는 한 사람의 시인을 거기서 발견할 수 있는 것이다.

'시란 존재의 마음 읽기다. 시란 사물의 아름다운 마음을 세상에 꺼내 보이는 언어 예술이다.' 라고 말할 때 '마음' 이 또한 시인의 관점을 통해서 비로소 보인다.

원래 사물에겐 마음이 없다. 사물은 사실적으로, 상식적으로만 존재한다.

사물을 아프게 노래하건 아름답게 노래하건 그것

은 사물의 마음이 아니라 시인의 마음이다. 꽃이 아름답게 보일 수 있는 것은 그것을 보는 사람의 아름다운 마음이 먼저 준비되어 있어야 하지 않던가. 환한 하늘이 내려다보고 있다기보다 그런 환한 세상을 따뜻한 희망으로 바라보고 있는 시인이 거기 먼저 있는 것처럼.

사랑 엿듣기

이러한 따뜻한 시의식(詩意識)을 가진 시인은 그의 삶도 언어도 사랑과 긍정으로 힘을 얻게 되어 있는가보다. 일상적 삶 속에서 만나는 자연 사물들과의 교감을 노래한 시편들에서도, 또 실제로 함께 어울려 살아가는 사람들과의 삶을 노래한 작품들 속에서도 김홍수 시인은 한결같이 사랑과 긍정을 말한다.

> 세상을 흔들어 보고 싶은 장난기로
> 소주병을 거꾸로 들고
> 밑바닥을 힘껏 내려친다.
>
> 병 속에 잠들어 있던 소주가
> 한순간 깨어난다.
> '퍽' 하는 축포와 함께
> 환희하는 흰 포말들의 소용들이
> 저 일어서는 젊은 끼, 끼, 끼.

진실로 달콤한 내일을 위하여
진달래! 진달래!
거푸거푸 건배의 손을 들어 올리면
주저앉아 있던 우리의 꿈과
주저앉아 있던 나이도 일어선다.

맑은 잔이 돌아갈수록
가슴은 오히려 붉게 물들고
더 좋아지는 세상,
마침내 지구의 어느 한켠이 흔들린다.
우리가 아름답게 흔들린다.

—「잠자는 술을 깨우며」 전문

이 얼마나 재미있고 웃음이 절로 터져 나올만한 표현들인가, 실제로 시인의 삶 속에서 흔히 있는 일로써 시인은 이런 술자리를 자주 즐기기도 하는가보다. 재미있고 통쾌하기까지 하다.

시인에게 이미 체질화, 육성화되어 있는 것으로 보여지는 세상과 사물을 바라보는 그의 긍정적 관점이 눈에 읽힌다.

필자가 알기로 이순의 나이를 넘겼음직한 시인의 인생 연륜을 감안할 때 놀랍도록 젊은 발상이 아닌가 싶다. 그렇다. 김홍수 시인의 표현처럼 '한잔 하면 더 좋아지는 세상' 아니던가. 거푸거푸 건배의 잔을 들어 올리듯 우리 삶을 사랑과 행복이 보이는 쪽으로 들어 올리며 살 일이다. 마침내 지구의 어느 한켠이

즐겁게 흔들리도록, 우리가 아름답게 흔들리도록.

시인의 이러한 긍정적 사물 인식의 관점이 찾아내어 노래하는 사랑과 희망의 시편들이 너무나 많다. 예컨대,

먼 데서 온 기별은 언제나
내 가슴을 설레게 한다.
긴 겨울 폭설 한파 같은 세상 속에서
살아 있었느냐고, 살아 있었느냐고,

내 마음 자락을 흔드는 사람아

… 중략 …

아아. 바람아
나는 드디어 무슨 대답이라도 하듯
일어서고 싶다.
일어서고 싶다.

—「봄바람」 부분

맑고 푸른 하늘 아래
늘 너와 더불어
놀고 지고 젊어지고
젊어지고 놀고 지고.

—「테니스 공」 끝부분

그러므로 사랑하는 사람아,
뜨거운 여름이 오면 산으로 가자.

우리도 저 못지않는 열정으로
제 몫의 생애를 넘는
풀이며 벌 나비며 거대한 숲
산천초목처럼
한 번쯤 푸르고 푸르게 우거지자.
가장 열렬한
사랑의 산 하나가 되어 버리자.

—「열정」 마지막 연

이러한 일련의 작품들이 모두 그 범주에 드는 시편들이다. 봄바람이라는 자연 생태의 평범한 현상 앞에서 시인의 상상력은 '먼 데서 온 기별' 임을 감지하고 그동안 잘 '살아있었느냐' 고 목숨을 소중히 여겨 안부를 물어오는 것 같기도 한 신령한 음성을 듣기도 한다.

그리고 마침내 온 천지를 푸른 물결로 일으켜 세우는 봄기운처럼 일어서고 싶다고, 일어서고 싶다고, 고백한다. 생명에 대한 강한 애정과 긍정적 심미안이 통찰한 인생론이라 할만하다.

또「테니스 공」에서 다루고 있는 테니스 공을 보는 시각도 마찬가지다. '놀고지고 젊어지고 ' 어와 둥둥 기뻐 춤이라도 출 듯 즐거워하고 있지 않은가.

그러한 사물 인식이 드디어 '열정' 이 되어 '사랑의 산 하나가 되어버리자' 고 직설적으로 외쳐 노래하고 있음을 볼 수 있다.

사랑과 긍정의 심미안을 가진 시인의 관점은 그러

므로 세상 사물들과의 시적 대화와 교감을 통해 그들의 사랑을 엿듣는다. 이 시집의 대부분의 작품들이 그런 부류에 속한다고 말할 수 있다.

울음이 얼마나 아름다운 건지
노래가 얼마나 향기로운 영혼의 향기인지
아무것도 모르는 인간들만
그저 땀 뻘뻘 흘리며 지나간다.

―「매미」 마지막 연

한여름의 무더운 숲 속에서 시끄러이 울어쌓는 매미를 통해서도 시인의 그러한 특별한 시각은 드러난다. 고달프고 진땀 나는 인생, 그 속에서 점차 사랑이 고갈되어가는 세월에 대한 비유가 매미들의 여름에 상징적으로 대칭되면서, '끝내 울움 마저 노래로 바꾸는 매미들' 을 보여줌으로 오늘날의 인간 세태를 연민으로 껴안고 있다. 자연계의 사물과 공존의 숙명 속에 놓인 인간을 시적으로 통찰하여 얻는 그 관계 속의 '사랑 엿듣기' 이다

이러한 시적 방법을 증명이라도 하듯이 이 시집의 표제시 「사랑 엿듣기」에서 김흥수 시인은 고백조로 노래한다.

아침에 눈을 뜨자마자 아내는
창문을 열고 햇빛과 바람을 받아들였지
그래, 그것은 참 생명의 힘을 받아들인 건 아닐까?

그녀가 뿌린 몇 모금의 물이란 것도
사실은 그녀의 마음을 뿌린 것이고,
아 아 나는 이렇게 엿듣는다.
모든 살아 있는 것들은
사랑의 힘으로 산다는 것을
관심의 울타리 안에 산다는 것을
아내는 오늘도 작은 화분들을 돌보고 있다.
창문을 열고 햇볕 가까이 그것들을 내어놓고,
마음을 뿌리듯이 물을 주고 있다.
그녀의 저런 관심과 사랑에 대답하듯
예쁜 꽃들을 피워 보이는 화분들
나는 신문을 뒤적거리며 있지만 사실은
아내와 작은 화초와의 대화
목숨 있는 것들의 사랑 얘기를 엿듣고 있다.

—「사랑 엿듣기」 마지막 연

'나는 생각한다, 고로 존재한다.' 라는 말도 꽤 맞는 말이다. 그러나 정말 맞는 말은 김흥수 시인의 시적 언술처럼 '사랑의 힘으로 산다.' 는 게 더 맞다. 인간은 무엇으로 사는가. 인간은 사랑하므로 산다고 철학적으로 말한 사람은 톨스토이였다. 그런데 오늘날에 와서 인간은 사랑의 힘으로 산다고 자기 시로 노래한 사람은 김흥수다.

그러고 보니 언어 예술, 특히 시문학의 길이란 것이 세상 사물에 대하여 남다른 애정의 가슴으로 그들의 사랑을 엿들으며 가는 끊이지 않는 길인지도 모르겠다.

이러한 사랑과 열정과 긍정적 관점을 지닌 시인의

인생관이 그러므로 절대 비관적일 수가 없다. 앞에서도 잠깐 언급한 바와 같이 그의 연륜이 누구 앞에 서건 인생을 논할만한 세월에 닿아 있다. 그렇다고 해서 시인이 아무렇게나 고리타분한 인생론을 펼쳤다는 게 아니다. 어디까지나 그가 그의 작품을 통해 시적 묘사로써 표현한 시편들을 살피자면 그의 인생론 또한 지극히 잔잔하고 평온한 긍정이 읽힌다.

아름답게 그리움이 읽힌다. 그가 생각하고 사는 인생은 마냥 순정한 아름다움이고, 그리움이고, 호젓한 간이역 같은 분위기로 묘사되어 있음을 볼 수 있다.

… (전략) …

젊어서 아니 보이던
간이역 같은 세상살이가 눈에 보인다.
나도 저 잠자리처럼
인생의 가을날에 와 있기 때문일까?
메마른 나무 끝 같은
이 세상 가을 한나절 같은 삶이란 것이
부디 간이역 같은 것이었으면 좋겠다.

죽어서 내 영혼 훨훨 날아갈
아름다운 저쪽을 기다리는
이것이 간이역이었으면 좋겠다.

—「간이역 1」 끝부분

아, 지금은 먼 옛날
빨간 사과를 보면
그녀의 빨간 수줍음이 뇌리에 젖어온다.

내 순정의 일기장을 들킨 양
나 혼자서 부끄럽고
그 옛적의 어느 가을날
사과처럼 호젓이 달아오른다.

—「어느 가을날」 끝부분

나뭇잎들이
햇살의 속마음을
만지고 있다.
빛의 따듯한 물을
만지고 있다.

그동안 삶이란 것을
저 나뭇잎들이
말해주고 있다.

초가을 햇살 아래서
이 느즈막한 나이에
아름다운 세월을
만져보고 있다.

—「손」 전문

이렇듯 그의 인생길은 '아름다운 세월이 만져지는' 길이고 '사과 과수원 길에서 붉게 물든 사과만 보아도 그 옛날 순정의 일기장을 들킨 것 같은 가슴 설레도록 순수한 사랑이 살아 있는 것이다. 그래서 시인은 느릿느릿 저물어가는 이 존재의 길이 전혀 비극적이지 않은 오히려 조용한 간이역, 내 영혼이 아름다운 저쪽을 기다리는 편안한 간이역이었으면 좋겠다고 노래한다.

심지어 훌쩍 지나쳐온 지난 젊은 날의 그리움을 노래할 때에도 안타까움이나 회한보다는 더욱 향기롭게 껴안는 긍정의 모습을 보인다.

세월의 담 넘어 저쪽을 바라본다.
생애의 그 중 예쁜
그 무엇이 있을 것 같아서.

—「해바라기」 끝부분

무탈하게도
무탈하게도
우리는 서로 닮아
빛바랜 흑백 사진처럼 앉아 있다.

—「아내」 끝부분

그러기가 어딨어!
세월 까마득히 흘렀는데
우리 나이에도 이제는

백발이 성성한데
여태 웃고 서 있기가 어딨어
세상에 봄이 오고
아까시꽃이 피어 넘칠 때마다
너 예쁘던 그 앞니 다시 드러내놓고
자꾸자꾸
내 앞에 걸어 나오기가 어딨어
그렇게 암말 없이
웃고 서 있기가 어딨어!

—「아까시꽃」 전문

아까시꽃은 해마다 피지만 우리 첫사랑의 그녀는 추억 속에서 하얗게 웃는다. 안타까운 일이다. 그러나 김홍수 시인은 가슴 설레는 아름다움뿐이다. 지난 추억이나 첫사랑의 순정을 노래하는 경우도 마찬가지다. 지금 늘그막에까지 해로하고 있는 이 노경의 아내도 사실 시인의 감성으로 노래할 땐 '오래 전에 헤어진 나의 소녀'인 것이다. 그만큼 그리운 게 젊은 날의 모습이다. 오래 전에 헤어진 나의 소녀가 이제는 빛바랜 흑백사진처럼 내 옆에 있지만 사랑의 추억으로 우리는 얼마나 아름다운가. 그래서 세월의 담 넘어 저쪽을 바라보는 것이다. 생애의 그 중 예쁜 그 무엇이 있을 것 같아서.

기도하는 마음으로

이제 기도하는 마음으로 김홍수 시인의 이 시집 출간과 그의 문학과 그의 인생을 더불어 축복할 차례다. 실제 본인 스스로도 기도하듯 써 내려간 신앙 시편들이 많이 있다. 이 시집의 1부에선 시창작의 기본(자기정신)이 잘 드러나 보이는 서정시들을 볼 수 있고, 2부에서는 자연 사물들이나 삶 속에서 느낀 사랑과 감동의 시편들이, 그리고 3부에서는 실제 시인과 함께 살아가며 인생을 동행하는 사람들에 얽힌 이야기나 사랑 노래들, 그리고 인생론적 시편들이 모아져 있는 것으로 보인다. 마지막 4부의 시편들이 기도의 형식, 또는 기도하는 심정으로 쓰인 이른바 신앙시에 가깝다 할 수 있다.

필자가 알기로도 그는 대단히 신실한 신앙인이다. 세례명이 '바오로' 로 가톨릭 신자이다.

사물에 대한 그리고 삶과 인생에 대한, 따뜻한 긍정과 신뢰와 사랑의 관점을 지니게 된 김홍수 시인의 시정신이 결국 그가 한평생 살아온 철학이고 자기 인생의 결과일 터이다. 거기엔 신앙심이 그 삶을 지키고 영향 끼쳤을 부분이 결코 작지 않으리라 여겨진다.

나를 사랑하는 사람을
나를 사랑하지 않는 사람을
사랑하게 하소서

새해에는
이런 사람이게 하소서

—「새해의 기도」 끝부분

새벽부터 하느님의 기별을 받았다
이 순백의 편지 한 통
내용 없음으로 오히려 천지간에 가득한
그분의 말씀이 온 누리를 덮는다.

—「눈 내리는 아침」 첫 연

오늘 하루도
누군가에게
향기를 전하는
바람이기를
감사이기를
기쁨이기를
나의 아침에게
인사합니다.

—「아침이면」 끝부분

이러한 일련의 시편들이 일테면 신앙시들이라 할 수 있는데 김홍수 시인은 여기서도 관념적으로 흐를 위험성을 잘 극복하면서 손색없는 서정시로 성공시키고 있음을 볼 수 있다.

그것은 모두에서 일갈해 본 바와 같이 사물의 마

음(이미지)을 읽어내는 시 창작 기본법으로서의 그의 관점이 섬세하고 잘 숙련된 때문으로 보인다.

우리가 잘 아는 주지의 사실로서 시란 고급 지식 산업의 생산물이 아니다. 필자가 개인적으로, 시를 잘 쓰기 위해서 일류 학교에 간다거나 무슨 대단한 공부를 많이 하겠다고 덤비는 사람들을 가끔 만나게 되는데 참으로 안타까운 일이다. 시는 지식으로 쓰이는 게 아니다. 시는 학벌로 하는 게 아니라 가슴으로 하는 작업이다. 마음이 순결하고 마음이 아름다운 사람 그가 시인이다. 그 아름다운 마음의 눈으로 보아낸 사물의 전혀 새로운 이름이 시다. 그래서 이 마음을 잘 다스리거나 가꾸어서 아름다운 인격의 사람이 되어야겠는데 그것이 그리 쉽지 않다. 마음을 움직이는 힘이 따로 있기 때문이리라.

지금까지 살펴본 김홍수 시인의 성공한 여러 작품들을 통해서 우리는 이 문제에 관한 해답의 실마리를 찾을 수 있다. 마음을 지배하고 마음을 움직이는 무형의 힘, 그것은 그 사람의 영혼이 아닐까? 김홍수 시인의 첫 번째 시집 『사랑 엿듣기』를 거듭거듭 읽어보면서 필자가 느낀 감동이 다름 아닌 그의 선한 영혼이 따뜻하게 와 닿았기 때문이었음을 밝히지 않을 수 없다. 그는 사랑이 충만한 가슴과 그것으로 세상을 바라보는 긍정적인 관점과 그리고 선한 영혼의 소유자임에 틀림없는 듯하다. 시집을 읽는 내내 '선한 영혼의 아름다운 내면 풍경' 을 관람하는 느낌이었다.

마음과 영혼? 그러나 그 또한 우리 뜻대로 되지 않는다. 우리는 너무나 힘없고 미련하여 우리 자신의 마음조차 이 모든 강팍함으로부터 구해낼 방도가 없다. 그래서 기도해야 할 것이다. 하느님께 기도하고 그분께 구할 수밖에 없다. 김홍수 시인은 그걸 아는 시인인 듯싶다. 그래서 '이런 사람이게 하소서' 라고 기도하며, 눈 내리는 모습을 보고도 하느님의 기별을 받았다고 그의 영혼이 기쁘게 노래함을 볼 수 있다. 마침내 그는 이렇게 읊는다.

세상에 이름을 알리기보다
저 하늘 높은 곳에
내 이름을
내 씨앗을 뿌리는 게
차라리 옳으리라
세상의 불볕 아래
그러나 저 잔디들
제 목숨의 키보다
높은 곳으로 하늘 속으로
자기 이름을 자기 씨앗을
밀어 올리고 있다.

—「잔디 2」 전문

세상 사람들 누구나 자기 이름이 이 땅에서 유명해지고 모든 영광 누리기를 원한다. 그러나 시인은 잔디의 모습 앞에서 깨닫는다. 자기 이름, 자기 씨앗을 오로지 꼿꼿하게 하늘을 향해 치켜들고 있는 잔디라는 식물의 이 특별한 모습처럼 그 이름 그 영광을 하늘에 올리고 싶은 것이다. 그렇다 하늘이 아는 이름, 하늘에 오른 씨앗 같은 작품(인생)이라면 지상의 영광쯤이야 불문가지의 일이다.

'~이고 싶다', '~기도합니다', '~인사합니다.' 등 기도하는 마음으로 쓴 시편들이 김홍수 시인의 궁극적 소망이 잘 표출된 작품들인 것으로 보인다. 이 시집에 수록된 선한 영혼의 아름다운 내면 풍경 같은 절창의 노래들에게도 박수와 기도의 마음을 우리가 보내자.

이 시편들이 세상 속으로 마구 걸어나가서 사람들에게 큰 기쁨 되도록, 그리고 김홍수 시인이 또 쓰게 될 다음 작품집, 그것을 준비하는 문학의 길에 힘과 빛이 되도록.

문학세계대표작가선 548

사랑 엿듣기

김홍수 시집

인쇄 1판 1쇄　2008년 6월 13일
발행 1판 1쇄　2008년 6월 20일

지 은 이 : 김홍수
펴 낸 이 : 金天雨
펴 낸 곳 : 문학세계 출판부/도서출판 天雨
등　　록 : 1992. 2. 15. 제1-1307호
주　　소 : 서울시 성동구 하왕십리동 966-23 금룡B/D 2F
전　　화 : 02)2298-7661
팩　　스 : 02)2298-7665
http://www.moonhaknet.com
E-mail : ing@moonhaknet.com

값 6,000원

ISBN 978-89-7954-394-0